Como falar com meninas

ALEC GREVEN

ILUSTRAÇÕES DE KEI ACEDERA

Traduçãc de Ana Ban

EDITORA RECORD
RIO DE JANEIRO • SÃO PAULO
2009

CIP-BRASIL. CATALOGAÇÃO-NA-FONTE
SINDICATO NACIONAL DOS EDITORES DE LIVROS, RJ

G857c
Greven, Alec
Como falar com meninas / Alec Greven; ilustrações de Kei Acedera; tradução Ana Ban. - Rio de Janeiro: Record, 2009.
il.

Tradução de: How to talk to girls
ISBN 978-85-01-08685-3

1. Meninos - Psicologia. 2. Meninas - Psicologia. 3. Autoestima em crianças. 4. Relações humanas na infância. 5. Conversação. I. Acedera, Kei. II. Título.

09-1175 CDD: 155.432
CDU: 159.922.7

Título original em inglês: How to Talk to Girls

Texto revisado segundo o Novo Acordo Ortográfico da Língua Portuguesa

Direitos exclusivos de publicação em língua portuguesa somente para o Brasil adquiridos pela EDITORA RECORD LTDA.
Rua Argentina 171 - Rio de Janeiro, RJ - 20921-380 - Tel.: 2585-2000
que se reserva a propriedade literária desta tradução

Impresso no Brasil

ISBN 978-85-01-08685-3

PEDIDOS PELO REEMBOLSO POSTAL
Caixa Postal 23.052 - Rio de Janeiro, RJ - 20922-970

Este livro foi composto na tipologia Century e impresso na Geográfica Editora.

SUMÁRIO

INTRODUÇÃO

Você é tímido? Está apaixonado por uma menina?
A menina de quem você gosta é bonita demais para você?
Você sabe o que dizer a uma menina para fazer com que ela goste de você?

O que está esperando?
Se você é um menino que precisa de ajuda para ficar com as meninas, este livro tem todas as respostas!

Aliás, eu queria dizer que todas as estatísticas deste livro se baseiam nas minhas observações na Escola de Ensino Fundamental Soaring Hawk.
Não são mundiais.
Para isso, eu teria que fazer muito mais pesquisa.

Certo, vamos seguir em frente!

CAPÍTULO UM

As coisas da vida

{ *A vida é dura, não fique parado!* }

Às vezes, você consegue fazer uma menina gostar de você, mas aí ela vai embora.

A vida é dura, não fique parado!

DICA: *Cerca de 73% das meninas normais largam os meninos; 98% das meninas bonitas largam os meninos.*

Ou, às vezes, simplesmente não dá certo.

Eu era apaixonado por uma menina no jardim de infância. Daí, minha família teve que se mudar, e então eu precisei fazer com que ela sumisse da minha cabeça.

Você também precisa ter consciência de que as meninas vencem a maior parte das discussões e quase todo o poder é delas. Se você souber disso agora, as coisas podem ser bem mais fáceis.

Em último lugar, se você tentar ficar com meninas demais, vai ter problemas com ciúme e pode acabar sem ninguém. O melhor mesmo é escolher uma só.

Se conseguir fazer uma menina gostar de você, você venceu.

Vencer é o sonho da maior parte dos meninos, mas é muito raro.

O que é necessário para ser um vencedor?

Continue lendo para descobrir!

CAPÍTULO DOIS

Paixões

{ *Uma paixão é igual a uma doença de amor. Pode fazer você ficar maluco.* }

Muitos meninos se apaixonam por meninas.
Mas pode ser muito difícil fazer uma menina gostar de você.
Às vezes, demora anos!
Mas, aconteça o que acontecer, não se desespere de jeito nenhum.
As meninas não gostam de meninos desesperados.

Então, o que fazer se você estiver apaixonado por uma menina?
Precisa fazer com que ela goste de você.

Também pode mostrar um talento, como jogar futebol ou qualquer coisa em que você seja bom.

DICA: *Para fazer uma menina gostar de você, converse com ela e conheça a menina melhor.*

Se você ainda não estiver no sexto ano, tente fazer a menina gostar de você, não *amar* você. Espere até o sexto ano para fazer com que ela ame você. Se não, vai ter que ficar com ela muito tempo, e isso vai ser bem difícil.

DICA: *A maior parte dos meninos até o quinto ano não consegue ficar com a mesma menina por mais de um mês.*

Muitos meninos que estão apaixonados não sabem como se comportar perto de uma menina.
Alguns meninos ficam implicando com as meninas de que gostam e são maldosos com elas.
Alguns meninos falam coisas idiotas para as meninas e agem feito bobos.
Alguns meninos acham que parecem legais se ficarem se exibindo.
Essa não é uma boa abordagem.

O certo a fazer quando você está apaixonado é:

- ✓ Nunca seja exibido demais.
- ✓ Não seja bobo nem idiota.
- ✓ Controle sua hiperatividade (se precisar, coma menos doce).
- ✓ Tenha certeza de que seus amigos são legais e não vão tentar ficar com a menina de quem você gosta.

Finalmente, você precisa conseguir superar uma paixão se ela não der certo.
Uma paixão é igual a uma doença de amor.
Pode fazer você ficar maluco.

Tente não deixar que isso arrase você.

INSETOS

CAPÍTULO TRÊS

Existe uma menina para cada menino

{ *Você é igual a um ímã, e as meninas são o metal.* }

Tem menina em todo lugar.
Não é difícil encontrar meninas.
A dificuldade é achar a menina certa para você.

Muitos meninos querem ficar com as meninas bonitas.
É fácil distinguir as meninas bonitas, porque elas usam brincos grandes, vestidos da moda e muitas joias ou bijuterias.

Tenha cuidado!
Quando você avistar uma menina bonita, não deixe que o fator de atração dela puxe você.

As meninas bonitas são iguais a um carro
que precisa de muito óleo.
E se você não conseguir conquistar uma menina bonita,
é bem provável que isso te leve à loucura.
Mas, se tem certeza mesmo, vá em frente!

Só que a melhor opção para a maior parte dos meninos
é uma menina normal.
Lembre-se de que algumas meninas bonitas são frias
com os meninos.

Não permita que elas deixem você irritado.

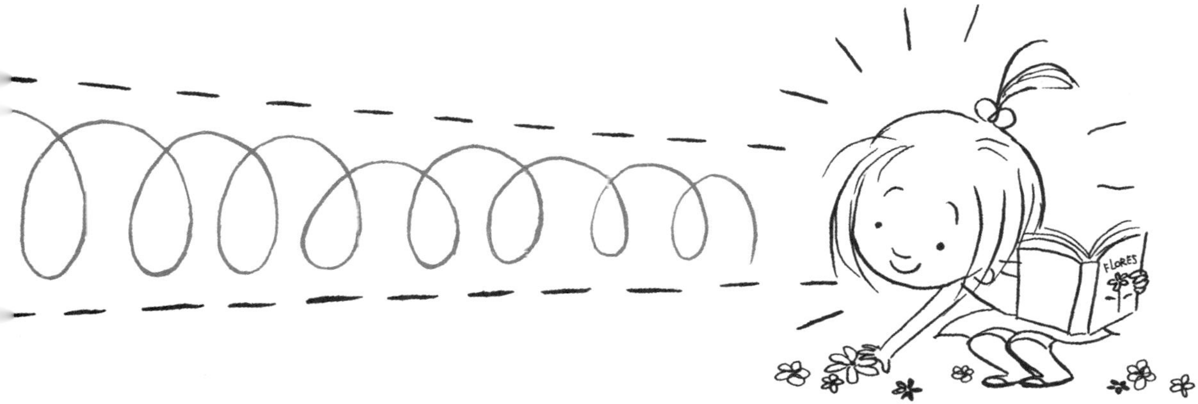

Algumas meninas são rebeldes.

A maior parte das meninas gosta de meninos educados – mas não as rebeldes.
Se a menina de quem você gosta é rebelde, então você deve se comportar igual a ela.

Algumas meninas falam muito. Algumas meninas são tímidas.

Se você for tímido, escolha uma menina que fale muito.
Daí você só vai precisar dizer uma frase, que ela fala todo o resto.

As meninas sempre gostam dos meninos inteligentes.

E se você for o menino mais inteligente da classe?
As meninas vão se jogar aos seus pés.
Escolha uma e deixe as outras pra lá.

Se você tentar ficar com todas, vai ser a maior confusão!

Se for o menino mais inteligente da classe,
você é igual a um ímã, e as meninas são o metal.

Insetos

CAPÍTULO QUATRO

Como chamar a atenção de uma menina

{ *A maior parte das meninas não gosta de exibidos.* }

Você acha que, para chamar a atenção de uma menina,
tem que bater os braços igual a um frango
e ficar fazendo barulho?
De jeito nenhum.
Se fizer isso, você vai é ser dispensado.

Chamar atenção é um jeito muito importante
de conseguir ficar com as meninas.
Mas você precisa ter cuidado.

Chamar a atenção de uma menina é bem difícil e dá muito trabalho.

Concentre-se agora, porque é aqui que alguns meninos cometem erros.
Você quer que a menina repare em você.
Mas não quer chamar muita atenção, ou ela vai pensar que você é um maluco que nem sabe onde está o próprio cérebro.

Para chamar atenção, você pode mostrar um talento.
Mas não seja exibido.
A maior parte das meninas não gosta de exibidos.

Não fique contando vantagem, senão ela vai largar você.

Outra coisa que você *não* pode fazer é ser o palhaço da classe.
Essa não é uma boa maneira de chamar a atenção de uma menina.
Os palhaços da classe atrapalham a aula toda.
Quase nenhum palhaço da classe consegue fazer com que as meninas gostem dele.
E os palhaços da classe nunca se dão bem na vida.

Piadas são legais, desde que não sejam no meio da aula.

Os palhaços da classe nunca têm uma boa história de amor com uma menina, se é que você me entende.

CAPÍTULO CINCO

O que dizer para as meninas

{ *Se ela responder ao seu "oi", você já começou bem.* }

Se você quiser começar uma conversa com uma menina, primeiro precisa dizer algo tipo "oi".

Se ela responder ao seu "oi", você já começou bem.

oi.
oi.

É bom deixar a menina começar a conversa.
Vai ser melhor se ela falar. Mas se ela não disser nada, aí você precisa agir.

Seja simpático. Aja com calma e não fique nervoso.
Não diga nenhuma bobagem. Faça uma pergunta a ela e pronto!

Algumas perguntas boas para fazer são as seguintes:

✓ "Você assistiu àquele episódio de __________?"

✓ "Ouvi dizer que você foi ao __________. O que fez lá?"

Se ela não quiser responder, ou é tímida ou não gosta de você. Talvez o melhor seja se afastar e tentar de novo outro dia.

Se ela não gostar de você, não se preocupe; acontece.

Outro jeito bom de começar uma conversa é pegar o número do telefone da menina (se a sua mãe deixar você ligar para meninas).

Se a menina não der o telefone dela para você ou se der o número errado, é porque ela não gosta de você, e o melhor é partir para outra.

E se você for mesmo *muito* tímido?
Não sei muito sobre este assunto, mas vou tentar dar algumas ideias.

Escolha uma menina da sua turma. Pergunte se ela quer ser sua amiga.
É um bom jeito de começar.

Se você tem problemas de comportamento, imite um menino que ache legal e faça tudo igualzinho a ele.

CAPÍTULO SEIS

Elogios, flores e outras coisas

{ *Se você gosta de uma menina, penteie o cabelo e não ande por aí de qualquer jeito.* }

É bom elogiar uma menina.
Mas não exagere.
Daí vai parecer que você está se esforçando demais.
Tente agir normalmente.
Muitas meninas gostam de flores.

Também é bom dar presentes.
Não precisa ser nada grande.
Tente descobrir do que a menina gosta antes de dar alguma coisa para ela.
Para ter ideias, você deve falar com as amigas dela.
E eu acho que você só deve dar flores e presentes quando for mais velho, como por exemplo quando estiver no sexto ano, porque parece estranho se você for mais novo.
A menos que você vá a uma festa da escola.

Então, pode comprar para ela alguma coisa que estejam vendendo, como um número de rifa ou uma flor.

Até o quinto ano, alguns garotos mandam bilhetinhos. Mas isso é arriscado. Se o bilhete for interceptado, a menina pode ficar envergonhada e dispensar você.

Se você gosta de uma menina, penteie o cabelo e não ande por aí de qualquer jeito. Não precisa se esforçar muito, apenas tente parecer meio limpo.

DICA: *A sua mãe gosta que você esteja sempre limpo, e ela é menina.*

Se você estiver interessado em namorar, precisa ser meio velho – tipo quinze ou dezesseis anos, se os seus pais acharem que tudo bem.

Namorar é tipo sair para jantar com a menina sem os pais junto.

Até o quinto ano, ninguém namora.
Você pode ficar com a menina na escola, ou em uma festa.
Pode conversar e brincar no recreio com ela,
ou vocês podem sentar juntos para tomar lanche.

Quando estiver com ela, tente não dizer nada inapropriado.
Só faça piadas de que ela vai gostar. Tente se concentrar.
Você tem que dizer as coisas certas na hora certa.
E daí ficar torcendo para ela concordar com você.

Finalmente, se você tem algum lugar para ir, como uma festa,
coloque uma roupa legal.
Senão você pode se complicar.

CAPÍTULO SETE

Sucesso!

{ *Se você conseguir conquistar uma menina,*
não comemore na frente dela. }

Como eu disse antes, conquistar uma menina é o sonho de muitos meninos.
Conseguir conquistar uma menina significa que a menina de quem você gosta também gosta de você.

É muito raro, mas se você conseguir conquistar mesmo uma menina, não comemore na frente dela, ou ela vai largar você no mesmo instante.

DICA: *Vá a algum lugar onde não haja ninguém e coloque toda a sua alegria para fora com a comemoração.*

É bem difícil fazer com que uma menina goste de você.
Mas se você conseguir conquistá-la, não pare.
Para fazer uma menina continuar gostando de você:

- ✓ Seja simpático.
- ✓ Ande arrumado.
- ✓ Aja normalmente – não tente ser legal demais.
- ✓ Não seja bobo.
- ✓ Mostre seus talentos, mas não seja exibido.
- ✓ Faça elogios.
- ✓ Não conte vantagem.

...senão vai ter que começar tudo outra vez!

Mas não fique gritando de raiva se não conseguir conquistar a menina, mesmo depois de tentar tudo. Se não der certo, simplesmente deixe pra lá.

Aconteça o que acontecer, não enlouqueça por causa disso.

E é só. As minhas ideias acabaram.
Tchau! Boa sorte!

AGRADECIMENTOS

Obrigado!

À minha família: Mamãe, Papai, Tyler e Keira

E às pessoas que provocaram uma reação em cadeia e me ajudaram tanto:

Anna Dupree

Laura Brinkman

Laura Alfano

Janice Perry

Aos funcionários da Escola de Ensino Fundamental Soaring Hawk

À minha classe e aos meus amigos (inclusive ao Kane, que se mudou)

À Regina e à Debbie, do Ambiance Salon

À Kim Christiansen e ao Kirk Montgomery

À Ellen DeGeneres

À ExactBind Rocky Mountain

À HarperCollins Children's Books

E a você, leitor, por comprar o meu livro!

— Alec